et

OPINION

sur cette question :

Continuera-t-on de délivrer, pour les Inventions
industrielles, des titres, qui, sous la
dénomination de Brevets, conféreront
le droit privatif d'exploiter ces
inventions pendant un
temps déterminé ?

Par A.-B. VIGAROSY.

CASTELNAUDARY,

IMPRIMERIE DE G.-P. LABADIE. [1829].

Considérations

et

Opinion.

46021

On trouve chez le même Libraire.

OSWAL OU LA VENGEANCE, par A.-B. VIGAROSY, 1 vol. in-8.º, prix : 1 fr. 25 c.

SOUVENIRS et MÉLANGES littéraires, politiques et biographiques, par L. de ROCHEFORT, 2 v. in-8.º

N. B. *Des arrangemens faits avec le Libraire-Editeur, nous mettent à même d'offrir cet ouvrage, rempli d'anecdotes intéressantes, sur l'époque du Directoire et le règne de Napoléon, au prix de 12 fr., quoiqu'il se vende 14 fr. à Paris.*

VOYAGE à St.-LÉGER, campagne de M. le Chev. de Boufflers, suivi du VOYAGE à CHARANTON, contenant une foule d'anecdotes sur des personnages célèbres, et des pièces inédites de divers auteurs, par M. de Labouïsse, 1 v. in-8.º; prix : 3 fr. 50 c.

SOUSCRIPTION.

VOYAGE A RENNES-LES-BAINS, par M. de Labouïsse-Rochefort, 1 v. in-8.º, orné de plusieurs fac-simile ; prix : 6. fr. et 8 fr. pour ceux qui n'auront pas souscrit.

Ce Voyage très-considérable, qui est presque la Statistique des départemens de l'Arriège et de l'Aude, renferme, sur les diverses localités, beaucoup de détails historiques, anecdotiques, biographiques, géologiques, etc. Il sera livré à l'impression dès que nous aurons complété la liste des souscripteurs.

Considérations

et

OPINION

sur cette question:

Continuera-t-on de délivrer, pour les Inventions industrielles, des titres, qui, sous la dénomination de Brevets, conféreront le droit privatif d'exploiter ces inventions pendant un temps déterminé ?

Par A.-B. VIGAROSY.

CASTELNAUDARY,

IMPRIMERIE DE G.-P. LABADIE. [1829].

« Assurément nos mœurs, nos usages, nos lois,
peuvent être l'objet de censures très-judicieuses....
L'Europe est à peine échappée de la barbarie ;
ses malheurs, ses préjugés et sa turbulence n'ont
encore annoncé que l'enfance et la jeunesse de
ses peuples... Elevez-vous aux plus hautes pensées ;
songez qu'une intelligence infinie, en vous plaçant
sur la terre, vous chargea de contribuer au bonheur de vos semblables et que vous devez aller
bientôt rendre compte de votre mission..... La
première condition pour avancer la civilisation sur
la terre, c'est que la morale soit plus répandue
et plus fidèlement pratiquée. »

JOSEPH DROZ, *Membre de l'Académie
française, de la Philosophie morale.*

Préliminaire.

La question qui fait l'objet de cet écrit, est la première des questions proposées par la Commission, nommée par S. Ex. le Ministre Secrétaire d'Etat, du Commerce et des Manufactures, Comte de Saint-Cricq, pour la révision des lois sur les brevets d'invention.

En annonçant la formation de cette Commission, S. Exc. le Ministre du commerce et des manufactures, a invité, par les papiers publics, les Artistes-Inventeurs, les Fabricans, les Jurisconsultes, tous ceux enfin que leurs précédents et leurs lumières rendraient plus ou moins aptes à ces matières, à adresser à cette Commission leurs observations et leurs vues.

Mais ne me connaissant rien qui put me permettre de me placer dans la cathégorie des hommes appelés, je ne me serais point livré à des méditations, à des investigations tout-à-fait étrangères à mes préoccupations habituelles, je n'aurai point essayé d'un fardeau que j'avais d'abord considéré comme tout-à-fait au-dessus de mes forces, je n'aurais point enfin abordé une question qui, à plusieurs époques, a embarrassé et vivement occupé des esprits profonds et nos hommes d'Etat les plus distingués, si M. le Baron de Mortarieu, Préfet du département de l'Arriège, en me transmettant la série des questions proposées par la Commission nommée par S. Exc. le Ministre du commerce et des manufactures, ne m'eût engagé, par ses lettres des 13 mars et 27 avril derniers, à m'en occuper, en termes qui ont dû me déterminer, puisque la moindre hésitation, la moindre réserve de ma part, eut pû être considérée comme l'effet d'une indifférence coupable pour les intérêts qui me sont les plus chers : les intérêts de mon pays.

Si, plus heureux que je ne pouvais espérer de l'être d'abord, je répands quelques clartés *sur un sujet hérissé de difficultés sans nombre* (1), le bienfait en appartient au Magistrat qui, rendant justice à mon zèle, mais bien plus que moi-même présumant de mes forces, leur a donné une impulsion qui m'a porté au terme où je suis arrivé.

Il ne me revient donc à moi que le mérite, bien faible sans doute, d'avoir prouvé ma bonne

_____

(1) Lettre de M. le Baron de Mortarieu, du 13 mars.

volonté , mon amour pour la chose publique;
ou plutôt l'on ne doit voir dans mon œuvre
que l'accomplissement d'un devoir.

Si je n'ai traité ici que la première des questions proposées , c'est que toutes les autres
dépendent de la solution de la première , et
que mon opinion sur celle-ci m'a dispensé de
m'occuper des autres.

Je dois faire remarquer encore que si je me
suis livré à quelques hautes considérations ,
c'est qu'elles sont inhérentes au sujet , et que,
à l'exemple des auteurs de la législation actuelle sur la question qui nous occupe , j'ai
dû y chercher un principe sur lequel je pusse
établir un système.

QUESTIONS

Pour la Révision des Lois sur les Brevets d'invention, proposées par la Commission nommée par S. Exc. le Ministre du Commerce et des Manufactures (1).

Question préliminaire.

Continuera-t-on de délivrer , pour les inventions industrielles , des titres qui , sous la dénomination de Brevets , conféreront le droit privatif d'exploiter ces inventions pendant un temps déterminé ?

(1) Les membres de cette Commission sont : MM. Girod (de l'Ain) de la Chambre des Députés , Conseiller à la Cour royale de Paris, Président ; Guillard de Senainville , membre du Comité consultatif des arts et manufactures, Secrétaire.

Le Comte de Laborde, Conseiller d'état, membre de la chambre des députés, de l'Académie royale des inscriptions et belles lettres.

Le Baron Thenard , membre de la chambre des députés, de l'Académie royale des Sciences et du Comité consultatif des Arts et Manufactures.

Ternaux , membre de la chambre des députés et du Conseil général des Manufactures.

De St.-Cricq-Caseaux , membre du Conseil général des manufactures.

Molard aîné , de l'Académie royale des sciences , membre du Comité consultatif des arts et métiers.

En ce cas d'affirmation, quelle solution doit-on donner aux questions suivantes ?

1. *Quelles seront les inventions susceptibles d'être brevetées ? Délivrera-t-on des brevets pour celles qui ont pour but de mettre dans le commerce :* 1.° *Des produits matériels jusques-là inconnus ;* 2.° *Des produits matériels déjà connus, mais exécutés par des moyens qui étaient inconnus ou n'avaient jamais reçu la même application ;* 3.° *Des machines, appareils, instrumens, outils, procédés et autres agens matériels d'industrie, qui seraient également nouveaux ?*

Refusera-t-on, au contraire, de breveter les inventions dont les produits sont immatériels, et n'exigent l'emploi d'aucun moyen dépendant des arts et métiers ?

De quelle exception serait susceptible l'une ou l'autre de ces cathégories.

2. *Y a-t-il lieu d'apporter des modifications aux*

Boignes, membre de la chambre des députés et du Conseil général des Manufactures.

Charles Renouard, avocat à la Cour royale de Paris, auteur du *Traité des Brevets d'invention.*

Théodore Regnault, avocat à la Cour royale de Paris, auteur de la *Législation et de la Jurisprudence concernant les Brevets d'invention.*

Le Chef du bureau des manufactures au Ministère du Commerce.

lois existantes, en ce qui concerne la propriété des dessins et modèles pour les fabriques ?

3. *L'invention d'un perfectionnement à une industrie préexistante doit-il donner des droits pour se perfectionner ?*

Quels seraient ces droits?

4. *Les importations d'industrie étrangères inconnues en France, méritent-elles d'être brevetées ?*

Quels seraient les droits attachés à ces brevets ?

Y aurait-il lieu à distinguer les importations de procédés et moyens d'industrie connus dans l'étranger quoiqu'inconnus en France, et les importations de procédés et moyens d'industrie connus dans l'étranger quoiqu'inconnus en France, et les importations de procédés et moyens d'industrie tenus secrets à l'étranger ?

5. *Dans quelle forme doivent être conçues les demandes de brevets ? Que doivent-elles contenir ? A quelle autorité doivent-elles être adressées et remises ?*

6. *La délivrance des brevets doit-elle être soumise à un examen préalable ?*

7. *Introduira-t-on en faveur des tiers , un moyen quelconque de . s'opposer à la délivrance du brevet après la demande formée ?*

8. *Quel sera le mode de délivrance du brevet ?*

9. *Quelles seraient les formalités que les propriétaires de brevets auraient à remplir , dans le cas où , postérieurement à la demande ou à la délivrance*

de leur titre, ils voudraient apporter des change-
mens ou additions à l'invention qui y est décrite.

10. Les demandes de brevets doivent-elles être
rendues publiques ?

11. Doit-il en être de même des descriptions
d'inventions brevetées ?

12. La publicité devrait-elle être facultative ou
obligatoire ? Serait-elle susceptible d'exceptions ?
Comment et à quelle époque aurait-elle lieu ?

13. Quelle serait l'époque précise de l'entrée en
jouissance d'un brevet ? Cette époque sera-t-elle la
même pour l'ouverture du droit et pour son exercice ?

14. Quelle sera la durée des brevets ?

15. Les brevets peuvent-ils être prorogés ? Dans
quel cas, par qui, et suivant quelles formes ?

16. Les brevets doivent-ils être assujettis au paiement d'une taxe spéciale ? quelle en serait la quotité ?

17. A quelle époque, ou à quelles époques, et
de quelle manière sera-t-elle payée ?

18. Quelles personnes pourront être brevetées et
propriétaires de brevets ?

19. Quels seront les droits des propriétaires des
brevets ?

20. Pour être recevable à revendiquer les droits
attachés à un brevet, sera-t-on tenu d'apposer une
marque distinctive sur les produits d'inventions brevetées ?

21. Comment doivent être opérées les cessions

partielles ou totales des brevets, ou les autorisations pour se servir de brevets?

22. Quelles seront les réparations dues aux brevetés en cas de violation de leurs droits?

23. Quelles seront les causes de nullité de brevets et celles de déchéance?

24. Devant quels juges seront portées les actions en nullité ou en déchéance de brevets, et celles pour trouble ou contrefaçon, et quelle est la meilleure procédure à suivre?

25. Comment devront être réglés les effets de la chose jugée en matière de brevets?

26. Quelles seront les peines en cas de contravention à la loi sur les brevets.

27. Convient-il de donner aux inventeurs, à l'imitation du Caveat existant en Angleterre, un moyen d'assurer, par déclaration, inscription ou autre acte authentique, conservatoire de leurs droits, une date certaine, aux premiers résultats de leurs méditations et de leurs recherches, en attendant qu'ils amènent leurs inventions à un degré de maturité suffisante pour se faire délivrer un titre définitif?

Considérations

ET

OPINION

Sur cette Question :

Continuera-t-on de délivrer, pour les inventions industrielles, des titres qui, sous la dénomination de Brevets, conféreront le droit privatif d'exploiter ces inventions pendant un temps déterminé ?

LE Génie n'appartient-il pas à l'intelligence éternelle ? L'homme sur qui l'auteur de tout bien en déverse quelques émanations, ne doit-il pas les répandre lui-même sur sa famille, sur cette société avec laquelle il est destiné à vivre en communauté de pensées, en communauté de ces biens du moins qu'il n'appartient point à l'homme de départir ? Ne peut-il être considéré, cet homme privilégié, comme un de ces corps associés au grand-œuvre et où la lumière éternelle, source de toute vie et de toute lumière, aime à réfléchir ses rayons pour répandre dans les ténèbres, des autres corps privés de ses feux, quelques secourables, quelques bienfaisantes lueurs? Ces heureuses réverbérations de l'intelligence suprême, ne pourraient-elles être comparées encore à ces sources d'eaux vives, qui jaillissent sur tels et tels points plutôt que sur tels autres, mais qui sont destinées, et sans que nul puisse jamais en réclamer la propriété pour lui seul, à répandre à l'entour et au loin, la fraîcheur, l'abondance et la vie?

Et comment, d'ailleurs, une pensée; *une idée, une invention nouvelle* pourrait-elle être la propriété exclusive d'un seul? Depuis l'origine des Sociétés, toute *invention*, tout *perfectionnement* n'a été que la somme, la combinaison, le développement de certaines *idées*, de certaines *découvertes*, de certains *moyens* déja connus; ou, si l'on veut, qu'une *idée* ajoutée à un plus ou moins grand nombre d'*idées*, dont la Société était déjà en possession, qu'une *idée* dont les élémens sont partout, qui s'est fécondée dans le passé, pour s'élever et fructifier dans l'avenir; qui est le produit du tems, le résultat naturel de l'association des intelligences, qui grandissent dans cette communauté, à laquelle nul ne peut se soustraire sans doute, puisque la faculté de penser est commune à tous les hommes, est la masse, est le capital un et indivisible, dont l'intelligence suprême a doté toute l'humanité.

Chacun, sans doute, et qui peut le nier? peut disposer de ce capital, de ce fonds, mais seulement pour le compte et au profit de tous. Aussi nul ne pourrait prétendre à la propriété

exclusive d'un profit intellectuel , d'une idée
nouvelle, qu'autant qu'il la tiendrait secrète
et ne la révélerait par aucun moyen; ce qui
serait même, il faut le dire, une fraude ma-
nifeste, une violation coupable, des obligations
imposées à toutes les intelligences, par les actes
primitifs de leur association, et par la jouissance constante qu'elle a offerte de tous ses
biens; de telle sorte encore, que celui-là seul,
pourrait sans reproche garder pour lui seul,
le profit d'une idée nouvelle, qui saurait rendre
aux autres intelligences tout ce qu'il en a reçu
et tout ce que lui et les siens pourraient en
recevoir encore.

Il est donc faux ce principe de la loi du
7 janvier 1691.

« Toute *idée nouvelle*, dont la manifestation ou
le développement peut devenir utile à la Société,
appartient *privativement* à celui qui l'a conçue ,
et ce serait attaquer *les droits de l'homme dans
leur essence* , que de ne pas regarder une découverte industrielle comme la *propriété* de
son auteur (1). »

L'erreur est grande sans doute, et elle res-
sort même des peu de mots qu'on vient de
lire ; car la propriété *privative* ne pouvant être
établie que par un titre *privatif*, et, d'après
le principe émis, le titre étant dans une *idée,*
la propriété ne saurait être *privative* qu'autant
que l'*idée*, qui est le titre, serait elle même
privative; or, je demande s'il est, s'il peut
être aujourd'hui, un ouvrage, un objet, une

____

(1) Considérant de l'Assemblée Nationale (Loi du 7 janvier
1791).

composition , une machine, représentant une invention brevetée ou susceptible de l'être, qui soit le résultat unique d'une *idée*, et d'une *idée privative*, d'une *idée* qui en exclut tout autre? Il faudrait sans doute pour qu'il en fut ainsi, que cette idée ne dût rien, absolument rien, à la *communauté intellectuelle*, et qu'elle fut, en un mot, aussi pure, aussi vierge que celle qui créa tout de rien.

Et que penser, d'ailleurs, de la conviction qui a dicté une loi qui considère l'invention commme une *propriété mobilière* (1), un *droit de l'homme*, et qui néanmoins, en limite la possession, l'exercice à 5, 10 ou 15 ans, comme si la *propriété mobilière*, un *droit de l'homme*, pouvait subir de semblables conditions ; comme si les *droits de l'homme*, ces droits sacrés, surtout *dans leur essence*, principe plus évidamment commun à tous, n'était pas d'exercer librement son intelligence sur tout ce qui frappe ses sens ; comme si enfin il n'y avait pas violation patente des *droits de l'homme*, dans la défense faite à tous au profit d'un seul, de mettre en œuvre une *idée* qui appartient incontestablement à l'intelligence humaine, à tous les esprits qui peuvent la saisir, la comprendre, à quiconque enfin peut l'appliquer à son usage, à l'usage de tous. Non, ce n'est point une conviction profonde qui a dicté la loi qui consacre *la propriété de l'idée nouvelle*, puisque le défenseur de cette loi, lui-même appelle cette propriété, *idéale peut-être*, et qu'il veut ensuite faire considérer le brevet comme un *privilège défensif* (2).

____

(1) La Loi du 7 janvier 1791. Art. 14.

(2) M. de Boufflers à l'Assemblée Nationale.

M. de Boufflers, que j'aurai plusieurs fois occasion de citer,

Mais voici qui est plus concluant encore : la Commission éclairée, à laquelle je m'adresse, à l'appel de laquelle je réponds, ne croit pas, ne peut croire elle-même, à la *propriété de l'idée nouvelle*, à la propriété de l'*invention*, puisque dans la série des questions qu'elle a proposées, elle met d'abord en doute, si des brevets exclusifs seront encore délivrés, et qu'elle admet ensuite que *certaines inventions* pourraient être brevetées et d'*autres* ne l'être pas, bien qu'elles émanent toutes, d'une même origine, d'une *idée nouvelle* et aussi *nouvelle*, aussi *privative* que celle de l'*invention*, qui pourrait devenir l'objet d'un titre exclusif Mais l'*idée nouvelle* qui ne constitue pas un *droit de propriété* dans un cas, ne peut le constituer dans un autre; et, ne constituant pas de *propriété*, sur quel principe établirait-on le droit du brevet? Les inventeurs non brevetés, diraient : *la Loi me laisse sans défense dans le droit de la propriété qu'elle garantit à tout autre!* Les artistes, les industriels, gênés par le privilège accordé aux inventeurs titrés, diraient, avec la même raison : *l'idée nouvelle, l'invention ne constituant pas un droit exclusif de propriété, pourquoi me défend-on d'en user? Là Loi est arbitraire, tyrannique; elle n'ém ne pas d'un principe vrai, d'un principe juste; elle est indigne d'une nation éclairée qui veut fonder sa puissance sur la raison et sur l'équité!*

On objectera peut-être ici, adhérant néanmoins aux conséquences inévitables des considé-

---

fut chargé par le Comité d'Agriculture et du Commerce, de lui faire le rapport d'une pétition adressée, dans le mois d'août 1790, à l'Assemblée Constituante, par des artistes inventeurs, et par suite, de soumettre à l'Assemblée, un projet de décret.

rations auxquelles j'ai dû me livrer pour chercher un *principe vrai*, que les produits littéraires sont *les produits de l'intelligence*, de la pensée, et que la Société veut bien pourtant les considérer, comme des propriétés toutes privées.

Je devais d'autant plus prévenir cette objection et la combattre, que le principe de la loi qui a consacré les droits de l'inventeur, est le même qui avait été précédamment reconnu comme le fondement de la propriété littéraire, et que c'est sur ce principe que repose la Législation actuelle relative aux brevets d'invention.

Je répondrai donc par cet exemple : J'ai fait un livre, je le publie, il se vend. J'en ai moi seul la propriété sans doute, mais c'est la propriété *du livre* et non point la propriété *des idées* qui l'ont produit : car chacun peut lire mon livre, y prendre aussitôt mes *idées*, s'en servir, les revêtir de nouvelles formes, les ajouter à ses propres *idées*, les combiner avec d'autres, et arriver à des résultats d'où peuvent jaillir des *idées nouvelles encore*. J'ai fait à la *communauté intellectuelle* dont relèvent toutes les intelligences, la remise que je lui devais; elle a pu l'ajouter à son fonds, en user à sa guise, en disposer enfin pour toutes les nouvelles spéculations de l'esprit.

Mais que fait l'inventeur ?

Il garde pour lui seul *l'idée* qu'il devait à *la communauté*, tient cette *idée* secrète; ou, si ses moyens la révèlent, il s'oppose, en vertu de son brevet, et pendant 5, 10, ou 15 ans, à ce que tout autre que lui en fasse usage, la reproduise , la combine même avec d'autres *idées* ; de telle sorte que , frustrant évidamment la société avec laquelle il avait vécu jusqu'alors *en communauté de richesses intellectuelles* , qui lui avait offert la jouissance pleine et entière de tous ses biens, de tout son fonds, il la prive *d'un profit*, d'une *idée* dont la jouissance lui était due , et arrête ainsi autant qu'il dépend de lui, les progrès de l'esprit humain.

Mais, dira-t-on peut-être encore : le livre est la propriété de l'écrivain , le tableau celle du peintre, qu'elle sera la propriété de l'inventeur.

Distinguons.

Inventeur ; .... Est-ce une profession , un art, une industrie, un métier? non, sans doute : ce n'est qu'un accident dans une profession, un art, une industrie, un métier. L'*invention* n'est pas la fin de telle profession, de telle industrie, de tel art; tandis que le *livre* est la fin , la fin unique de l'écrivain. On écrit, on peint comme on forge, on fabrique. Le cabinet de l'écrivain est sa boutique, son atelier, sa fabrique ; le livre qui en sort est sa marchandise. S'il contient une *idée nouvelle*, s'il procure des sensations, des jouissances *nouvelles*, il n'est pas certainement pour ce motif l'objet d'un brevet. Son auteur n'a pas le droit d'exploiter seul cette *idée*, ces sensations, ces jouissances. Celui qui les reproduit, les combine ; qui s'en sert pour échelonner des *conceptions nouvelles*, fonder, développer des théories, des systèmes nouveaux, produire de nouveaux effets, n'est certainement pas empêché, condamné, puni.

Sans doute, je le sais, la contrefaçon d'un livre est une fraude, un délit. Mais celui qui avec sa matière, son travail, sa profession, son art, son industrie, a reproduit l'*idée* d'un artiste, d'un fabricant, d'un industriel *inventeur*, ne peut en aucune façon être assimilé au contrefacteur littéraire, puisque celui-ci n'est punissable que sous ce rapport, qu'il a privé l'écrivain, non point de l'exploitation exclusive de ses *idées*, que lui-même avait déjà livrées au public, à qui il les devait; mais de sa marchandise, du produit de sa profession, de son art, de son métier; du seul moyen afin d'obtenir le prix des travaux qui y sont attachés.

Celui donc qui ne prend que l'*idée* d'un artiste industriel *inventeur*, qui ne lui prend point les produits matériels de son art, de son industrie, de sa profession, sa marchandise enfin, doit-il, peut-il être jamais considéré comme le contrefacteur littéraire? L'artiste, le fabricant *inventeur*, parce que tel ou tel aura fait usage de son *idée*, l'aura appliquée à son art, à son industrie, à sa profession, à sa matière, en est-il moins artiste industriel, fabricant? Non sans doute: et si les produits de son art, de sa profession, de son industrie; si sa marchandise, enfin, est également bonne, il la vendra aussi bien et mieux encore que par le passé; tandis que l'écrivain que l'on priverait de la propriété de son livre, n'aurait rien, absolument rien à vendre, heureux encore s'il n'a pas épuisé dans les frais de son impression, les ressources, le crédit qu'il eut pu ménager pour des cas de détresse proportionnellement moins fréquens, sans doute, chez l'artiste industriel, que chez l'écrivain, presque toujours voisin du besoin.

Ainsi, me dira-t-on peut-être, l'artiste industriel *inventeur*, qui a conçu, travaillé une *idée nouvelle*, n'aura donc aucun avantage? Il en aura plus d'un certainement, et tous dignes de ses efforts, puisque, comme l'écrivain dont le livre renferme des *idées nouvelles* et utiles, procure des sensations, des jouissances nouvelles, il sera distingué parmi ses pairs; et, comme l'écrivain encore, il pourra, dans sa sphère, prétendre à la célébrité, à la renommée, à la gloire, et à tous les moyens de vogue, de crédit, de fortune, qui peuvent en résulter; récompenses sans doute, d'autant plus dignes de l'honorer, de l'énorgueillir, d'exciter de plus en plus l'artiste aux recherches, aux *inventions* nouvelles, que le souvenir d'un service rendu à son art, à son pays, y sera toujours attaché.

Et bien plus encore! l'artiste industriel *inventeur*, à qui la loi ne garantirait point la propriété de son *invention*, serait généralement plus heureux, plus privilégié encore que l'écrivain à qui la loi garantit la propriété de son livre. Je vais rendre cette vérité sensible.

Un écrivain de génie a composé un livre plein d'*idées nouvelles*, grandes et utiles; il a ouvert une mine abondante et riche, mais à grands coups, et son livre offre encore l'image du désordre et des déchiremens du cahos. Pourtant son livre est rendu fameux, le succès en paraît certain; l'auteur compte sur une grande fortune ; mais survient un auteur d'un moindre génie, mais d'un esprit exact, méthodique, judicieux, et qui n'ayant d'ailleurs qu'à déblayer, ramasser, choisir ; s'empare de tout ce qu'il y a de bon, de beau, d'utile dans le nouveau livre, en fait disparaître tout ce qu'on y a le plus généralement blâmé et le reproduit avec plus de clarté, de simplicité, d'élégance, sous des formes, enfin, et avec un nouveau mérite qui le font préférer au livre de l'auteur, sans lequel néanmoins, le livre désormais préféré, n'eût jamais existé. Eh bien ! que fait à ce malheureux auteur qu'on lui ait assuré la propriété d'un livre qui ne se vend plus ? Ses espérances ses veilles, ses sacrifices ne lui ont valu qu'un peu de fumée, qu'amertumes et que dégoûts.

Il est donc évident, qu'en garantissant à l'écrivain la propriété de son livre, on fait encore bien moins pour lui que pour l'industriel, à qui on ne garantirait que la propriété de sa marchandise, lui refusant celle de l'invention dont il pourrait être l'auteur, puisqu'il lui resterait toujours, et avec un mérite, une renommée, un moyen de vogue qu'il n'avait pas, les produits ordinaires de son art, de son industrie, de sa profession ; et que l'écrivain dont le livre aura été étouffé, n'aura rien, plus rien à vendre des produits de la sienne, et n'oserait même plus rien entreprendre, si le génie toujours plus fort que l'homme, ne le poussait, et toujours malgré lui, vers de nouvelles créations, peut-être encore moins profitables pour lui.

Aussi est-ce dans une fausse application qu'on a dit : *L'homme qui a inventé la charrue, ne doit pas mourir de faim devant ceux qui s'en servent* (1), car il ne *mourra pas de faim* s'il fait des charrues, puisqu'on les lui garantira, qu'on les lui achètera, et certainement à lui, plutôt qu'à tout autre, parce que son *invention* l'aura naturellement rendu le plus recommandable parmi ceux qui après lui feront des charrues ; et certes il sera bien moins encore exposé à *mourir de faim* qu'avant son *invention*, puisqu'elle lui aura procuré un moyen de travail, une industrie, une recommandation qu'il n'avait pas.

Et l'*inventeur* n'a-t-il pas d'ailleurs pour lui le charme de la paternité? Ce charme irrésistible, cet attrait qui s'attache aux esprits féconds, n'est-il pas le principe, le mobile puissant des travaux, des élaborations de l'esprit? Sans doute, et on peut l'affirmer hautement : La soif de l'or n'excita pas plus Homère que Phidias, pas plus Colomb que Cervantes et Le Tasse; Vasco de Gama, que Camoëns ; Milton, que Cook, Newton et Francklin ; Corneille, Descartes, Montesquieu, que Bouguinville, La-Peyrouse et Vaucanson, dans leurs inspirations, leurs périls, leurs méditations, leurs travaux. Ce fut leur génie, leur génie seul qui les travailla, qui les saisit comme une proie, comme une victime. Aussi peut-on dire que tout esprit actif, ardent, inventif, et chez l'artiste industriel comme chez le poëte, le philosophe, le naturaliste, l'astronome, le navigateur, le phisicien, est un vase, est un foyer, où la nature infatigable, réchauffe, féconde ses germes, ses semences, ses fruits, qu'elle varie, améliore, embellit sans cesse, à mesure que le fonds se cultive et s'améliore lui-même.

---

(1) C. Renouard- Traité des brevets d'invention.

Loin de moi, bien loin de moi, l'idée de détruire ici l'intérêt qui s'attache naturellement à celui qui *gros d'une idée* qui veut se faire jour, d'une inspiration qui le travaille, supporte lui seul pour tous, les fatigues, les douleurs, les périls de l'enfantement! Mais j'ai dû rappeler ici, que l'intérêt dont cet individu, dont cette victime, si l'on veut, est toujours digne, et auquel même, je reconnais des droits à une récompense (récompense dont je parlerai en son lieu), ne doit pas aller jusqu'à lui sacrifier l'intérêt général fondé sur le *vrai*, sur le *juste*, sur l'*utile*.

Mais encore, et revenant sur le terrain où m'avait déjà placé le Législateur qui a cherché dans le principe de la propriété littéraire, un principe de propriété pour toute *idée nouvelle* appliquée à un art, à une profession, à une industrie ; je dois ajouter que, ainsi que son livre est toujours pour l'écrivain la représentation palpable de ses *idées*, le titre qui lui garantit le mérite qu'elles peuvent avoir et les avantages qui y seraient attachés ; il serait *juste*, et pourrait devenir *utile*, que l'Industriel *inventeur*, indépendamment du droit qu'il a de publier son *invention*, et de la publicité que le gouvernement lui-même croirait devoir lui donner, eut un titre, un signe qui lui en garantit la priorité, le mérite, et tout ce que pourrait avoir de profitable pour lui la renommée de sa découverte.

Renvoyant le développement de cette opinion à la question *d'utilité*, et toutes les considérations relatives à la question du *vrai*, aux principes d'*équité*, étant à-peu-près épuisées, je dois, en me résumant, me demander ici :

Est-il juste *que l'on continue de délivrer, pour les inventions industrielles, des titres qui, sous la dénomination de brevets, conféreront le droit privatif d'exploiter ces inventions pendant un temps déterminé ?*

Non, sans doute, puisque ainsi que je l'ai démontré, le principe d'après lequel ce droit a été conféré, est incontestablement *faux*, et, dans son application, contraire aux droits primitifs et imprescriptibles de la société, *aux droits de l'homme dans leur essence*; et que d'ailleurs, ce principe précédamment reconnu comme la base de la *propriété littéraire*, et, à ce titre, admis comme le fondement de la *propriété de l'invention industrielle*, ne saurait lui être applicable.

Qoiqu'en réalité, il n'y ait rien pour la Société de véritablement *utile*, hors de ce qui est *vrai*, de ce qui est *juste*, ne considérant la question que sous les rapports d'une application généralement plus sensible, **je** veux me demander encore :

Est-il utile *que l'on continue de délivrer, pour les inventions industrielles, des titres qui, sous la dénomination de brevets, conféreront le droit privatif d'exploiter ces inventions pendant un temps déterminé?*

Pour résoudre cette question, je dois considérer, avant tout, en quoi pourrait consister l'*utilité* des titres accordés.

Ils sont *utiles* s'ils consacrent des principes *vrais*, des droits acquis ou que chacun peut acquérir.

Mais nous avons vu que le principe dont on a fait le fondement du titre de l'*inventeur*, est *faux*, *injuste* dans son application, et ne saurait ainsi constituer un droit.

Ils sont *utiles* si, considérés comme privilèges, ils offrent le seul moyen d'exciter aux inventions nouvelles.

Mais il en est un plus d'accord avec le *vrai*, le *juste*, l'*utile* et que je proposerai après la discussion des principes. Nous avons vu, d'ailleurs, que la supériorité, que l'*invention*, suppose à l'artiste industriel inventeur, la renommée, la célébrité, la gloire même à laquelle il peut prétendre; la vogue, les moyens de fortune, de crédit qui y sont attachés, sont des récompenses, des encouragemens dont il doit d'autant plus se contenter, qu'ils sont les seuls légitimes, les seuls *justes*, les seuls honorables, les seuls *utiles*, puisque le privilège, indépendamment qu'il est la violation d'une propriété, d'un droit commun à tous, met évidamment obstacle aux progrès de son art, de son industrie, aux plus grands développemens de la prospérité nationale.

Et peut-on révoquer en doute qu'il n'y ait dans le privilège, obstacle aux progrès des arts industriels, au plus rapide, au plus grand développement de notre prospérité? Examinons un moment quels sont les effets du droit exclusif que confère le brevet.

Nul ne peut appliquer à un art, à une industrie quelconque, une *invention* nouvelle, brevetée (1).

---

(1) Le propriétaire d'une patente jouira privativement de l'exercice et des fruits d'une découverte, invention ou perfec-

Il y a là sans doute évidamment obstacle aux progrès des arts et de l'industrie, puisque d'une *idée*, d'un *invention nouvelle*, mise en œuvre par un plus grand nombre, peuvent incessamment jaillir des *idées*, des *inventions nouvelles encore;* et que d'ailleurs, de la concurrence, de l'émulation dans la mise en œuvre, résulteraient évidamment de plus prompts perfectionnemens, des moyens plus économiques d'exécution.

On objectera peut-être ici, que les arts industriels ont fait des progrès immenses en Angleterre, bien que depuis deux siècles ils y soient sous le régime des brevets. Mais ils étaient sous ce régime en Angleterre, pendant qu'ils étaient en France, sous le régime bien plus funeste encore, des corporations, des maîtrises et des jurandes; et c'est pour avoir su du moins y soustraire les inventions nouvelles; c'est pour avoir fait deux cents ans avant nous, un pas immense vers la liberté des arts et de l'industrie, que notre rivale leur a donné tant de vie, tant de force; et c'est ainsi encore que nous affranchissant des entraves du brevet, affranchis que nous sommes des corporations, nous ferons nous même un pas sur elle et pourrons la gagner de vîtesse, bien que la facilité de ses débouchés, son indigence agricole, son excédant de population, qui tient les intelligences dans un état d'irritation, de fermentation continuelle, semblent lui assurer une supériorité constante sur nous (1).

---

tionnement pour lesquelles ladite patente aura été obtenue; en conséquence il pourra requérir la saisie des objets contrefaits et traduire les contrefacteurs devant les tribunaux, etc. *Loi du 7 janvier 1791. Art. 12.*

(1) Jacques 1.er, en instituant les patentes, plaça les inventions

Mais revenant au privilège que je combats.

nouvelles hors du cercle des industries désignées dans les statuts des corporations et donna ainsi au génie, la faculté d'échapper à leurs entraves funestes. Ce qui change tout-à-fait la question, justifie et rend même tout-à-fait méritante l'idée des brevets d'invention, dans un pays où des corporations de métiers existent encore, tandis que rien ne la justifie chez nous, où les corporations n'existent nulle part.

J'ai dit qu'il existait des corporations en Angleterre, mais je dois ajouter que la plupart ne doivent être considérés que comme des êtres moraux, formés par la collection de plusieurs individus qui se sont librement et volontairement réunis, sans sortir du droit politique commun à tous. Quant aux corporations privilégiées. « Il se présente, dit M. C. Renouard (a), dans l'application des statuts qui leur sont relatifs, comme dans beaucoup d'autres parties de l'organisation sociale, un spectacle assez singulier, d'idées nouvelles luttant contre les lois vieillies, que l'on consent à éluder, mais que l'on ne peut se décider à détruire. »

Et d'ailleurs « Les personnes qui citent l'Angleterre, dit M. J. B. Say (b), pour justifier les chaînes dont on voudrait charger l'industrie, ignorent que les villes d'Angleterre où l'industrie fleurit le plus, et qui ont porté les manufactures de ce pays, à un très-haut point de splendeur, sont précisément les villes qui n'ont point de corps de métiers, telles que Manchester, Birmingham, Liverpool, qui n'étaient que des bourgades il y a deux siècles, et qui se placent maintenant, relativement à la population et aux richesses, immédiatement après Londres et fort avant Yorc, Cantorbéry, et même Bristol, villes anciennes, favorisées et capitales des principales provinces, mais où l'industrie était soumise à de gothiques entraves. »

« La ville et la paroisse de Halifax, dit un auteur anglais qui passe pour bien connaître son pays, John Nickols (c), ont vu,

---

(a) *Traité des brevets d'invention.*
(b) *Traité d'économie politique*, 3.ᵉ édition.
(c) *Remarques sur les avantages et les désavantages de la France et de l'Angleterre.*

« L'esprit de la loi, dit M. de Boufflers, (1) est d'abandonner l'homme à son propre examen et de ne point appeler le jugement d'autrui sur ce qui pourrait être impossible à juger. Souvent ce qui est inventé est seulement conçu et n'est pas encore né ; laissez le naître et puis vous le jugerez. »

Déjà cette disposition de la loi qui domine la législation actuelle sur les brevets, et d'après laquelle l'examen du mérite des nouvelles découvertes, ou prétendu telles, demeure expressément interdit, (2) est un grand pas, un pas immense fait dans la carrière où je suis entré,

depuis quarante ans, quadrupler le nombre de leurs habitans, et plusieurs villes sujettes aux corporations, ont éprouvé des diminutions sensibles. »

« A Birmingham, dit encore M. Charles Dupin (d), l'industrie, libre des entraves qu'apportent les corporations, a pris par cela même un essor prodigieux. Tous les habiles artisans, qui, dans les villes à privilèges, ne pouvaient obtenir la maîtrise, refluèrent dans Birmingham. Ils y trouvèrent la liberté, et la fortune qu'ils acquirent, tourna toute au profit de la patrie. »

Appliquant ce passage à nos corporations d'inventeurs, je dirai à nos hommes d'état, et non sans raison sans doute : Supprimez le privilège du brevet, car avec plus de liberté, vous procurerez à la France et au Roi plus de profit et de gloire.

(1) Discours en faveur de la loi du 7 janvier 1791.

(2) ... Il sera délivré sur une simple requête au Roi, et sans examen préalable, des patentes nationales, sous la dénomination de brevets d'invention, à toutes personnes qui voudront exécuter des objets d'industrie jusqu'alors inconnus.

Loi du 25 mai 1791, art. 1.er

(d) *Considérations sur quelques avantages de l'industrie et des machines en Angleterre et en France.*

puisqu'on y trouve déjà à un degré si éminam-
ment sensible cette idée qui me domine, que
l'*idée nouvelle*, l'*invention*, n'est point une propriété réelle que la loi puisse défendre et ga-
rantir, car elle ne peut être saisie, évaluée; en
un mot, elle est toute dans cette région où le
pouvoir ne peut exercer qu'une autorité, qu'une
influence *toute idéale*, toute morale; nullement
exclusive.

Et c'est pourtant, revenant à l'opinion de
M. de Boufflers, ou plutôt à l'esprit de la loi
qu'il défend, avant que cette *invention soit née*,
avant qu'elle ait pu être *jugée*, qu'elle est déjà
l'objet d'un titre qui exclut tout examen sur sa
réalité, son utilité et laisse à un seul, si je puis
m'exprimer ainsi, toute l'éducation d'une *idée*,
d'une *invention* qui pourtant est le fruit de l'intelligence humaine, qui est le propre enfant
de la société, qui doit le recevoir dès sa naissance, pour le réchauffer de ses feux, l'envi-
ronner de toutes ses sollicitudes, le fortifier de
toute sa puissance; d'un titre qui empêche que
l'intelligence humaine porte ses forces sur ce
point où une *idée* qui a peine à se faire jour,
appèle toutes les méditations, tous les secours,
tous les efforts ; et certes on ne peut le
révoquer en doute : la loi dont l'esprit est tel
qu'il s'oppose, au dire même de ses défenseurs, à ce que toutes les intelligences qui lui
sont propres, la mettent incessamment en
œuvre, l'élaborent, la travaillent, s'avertuent
à l'envie à la faire grandir et prospérer, est
incontestablement contraire au plus grand développement de l'intelligence, aux progrès des
arts industriels et de la prospérité nationale,
objets des sollicitudes d'un gouvernement
éclairé.

Et combien cette vérité paraîtra plus frappante encore si l'on considère que l'*invention* privilégiée, non-seulement ne se trouve pas à sa naissance, ces secours fraternels de toutes les intelligences, tous ces soins empressés dont elle a si souvent besoin et qu'elle y eut incessamment trouvé, livrée à sa propre nature ; mais encore qu'elle a à lutter contre les rivalités jalouses, les ambitions déçues, les intérêts blessés ; contre toutes les haines, enfin, dont le privilège l'entoure pour lui nuire, pour l'étouffer.

« C'est l'esprit inventif, c'est l'invention elle même, dit M. de Boufflers, (1) qui est un privilège. » Eh bien oui ! mais qu'on le livre à lui-même, avec les prérogatives et les droits qui lui sont propres ; qu'on n'en fasse point, ce qu'il n'est pas, un privilège politique, et personne ne s'en plaindra, car, comme le dit encore M. de Boufflers, il n'appartient à aucune puissance de le conférer ni de le révoquer.

Et certes, elles sont légitimes ces plaintes élevées contre le privilège exclusif fondé par le pouvoir, car indépendamment qu'il met obstacle, ainsi que nous venons de le voir, aux plus grands développemens de l'intelligence et de l'industrie, il cause à la société des dommages d'une autre nature, et que nous allons rapidement examiner.

La Société est avide, impatiente de posséder, d'acquérir, de marcher de jouissances en jouissances, de merveilles en merveilles, de triomphes en triomphes. La France veut et doit vouloir

____

(1) Rapport à l'Assemblée nationale.

rapidement grandir en richesses, en puissance ; et pourtant le brevet la prive de jouir incessamment des fruits d'une *idée nouvelle*, qui est de son domaine, qui est sa propriété, et une nouvelle source de ses prospérités. Le brevet l'en prive sans doute, puisque ce n'est qu'avec de grandes avances de fonds, des associations toujours difficiles à former et qui ne sauraient s'établir sur quelques points, qu'après une perte de tems plus ou moins considérable, plus ou moins précieuse, que l'inventeur peut faire jouir la Société des avantages de son *invention*. N'a-t-elle pas encore pour se répandre, cette *invention privilégiée*, à lutter, ainsi que je l'ai déjà dit, contre toutes les préventions funestes que la haine élève autour et partout devant elle ? Préventions dont les moindres effets, lorsqu'elles n'étouffent pas dans l'*idée nouvelle* qui veut triompher, le germe de plus grands bienfaits, de plus grandes *idées*, sont toujours d'ajouter aux difficultés de la propagation d'une *invention*, dont la Société peut retirer plus ou moins de profits.

Une de ces difficultés se trouve encore dans le prix excessif qu'un *inventeur* peut donner, en vertu d'un titre, qui exclut toute concurrence, aux objets de son *invention* ; faculté qui indépendamment qu'elle empêche que le bienfait de l'*invention* se répande proportionnellement aux besoins qu'elle éveille, place une nation entière, sous l'arbitraire, sous le caprice, sous les verges d'un seul homme, dont la fortune, lorsqu'on se rappèle que tant de grands génies sont morts sur le fumier, peut devenir l'objet d'une indignation générale, et d'un scandale public (1). Ceux-là, je le sais, dont l'*invention* est un secret, et c'est le bien petit nombre, sans doute, pourront toujours, mais à leur honte, user de tout cet arbitraire, de ce despotisme tyrannique et révoltant. Ils le pourraient, je le sais, mais la Société indignée, usant à son tour des *véritables droits de l'homme, dans leur essence*, des droits incontestables qu'il a d'exercer son intelligence sur tout ce qui frappe ses sens, pourra aussi chercher à pénétrer le mystère de l'*invention* et à confondre son auteur ; et certes il ne faudra ni 15, ni 10, ni 5 ans pour découvrir un secret livré à tant d'investigations et de haines ; et supposant même qu'on ne parvint pas à le découvrir, les *idées nouvelles*, les *inventions* que ces recherches auront presque toujours fait éclore, procureront certainement à la Société des avantages plus grands encore que ceux qu'elle attendait de la révélation du secret investi : tant il est vrai que la Société, comme la nature, se fait, jusques dans les obstacles (ou qui semblent tels), inhérans à son être, de nouveaux élémens de prospérité, de triomphes et de splendeur.

Il est un dommage encore résultant du privilège, que je ne dois pas omettre de rappeler ici. On ignore généralement que pour obtenir un brevet, il suffit, après avoir préalablement versé 350, 850 ou 1050 frans à la caisse du Receveur général de son Département, suivant qu'on *requiert* le brevet pour 5, 10 ou 15 ans, d'en faire la demande à S. Exc. le Ministre des manufactures et du commerce, *qui n'a pas à*

---

(1) L'invention de machines à filer le coton, a valu à Rkwright, une fortune d'un million de revenu.

ordonner d'examen sur la bonté d'une découverte , qui ne peut qu'admettre également toutes les demandes de brevets , et dont les fonctions se réduisent dans la délivrance de ces titres , à celles d'un notaire qui est tenu de donner acte des déclarations qui lui sont faites (1). D'où il résulte que bien des gens qui considèrent le brevet comme la garantie de la bonté, de l'utilité d'une *invention*, sont trompés le plus souvent dans leur confiance, et font une dépense qui , loin de servir à un encouragement utile, à une récompense bien méritée , sert quelquefois , et trop souvent peut-être , à encourager le charlatanisme et la fraude ; et quoiqu'on puisse objecter que pour tout ce qui intéresse la santé et la sûreté publique , l'*invention* est soumise à un examen avant d'être brevetée , il n'en est pas moins vrai, qu'il y a dommage pour la Société, dans une infinité d'autres cas , et qu'il n'y a pas là certainement une *utilité* qu'on puisse opposer à l'*injustice* du privilège.

Et ce privilège abusif et funeste qu'on a pu appeler *défensif*, (2) cause un dommage digne , bien digne encore des sollicitudes du Législateur , et que je dois signaler ici. L'*inventeur* privilégié , hors de toute concurrence , libre du prix des objets de son *invention*, peut lui seul, sur un point, attirer par une haute paie , le plus grand nombre d'ouvriers manouvriers, de telle sorte qu'une foule d'estimables industriels soient exposés à manquer

---

(1) Instruction théorique et pratique sur les brevets d'invention , par le chef du bureau des manufactures, au Ministère du commerce.

(2) M. de Boufflers.

de bras, pour l'exploitation d'une industrie toute légitime, toute nationale; ou, obligés de surenchérir et bientôt écrasés par ceux qui exercent la même industrie loin de la funeste influence de *l'inventeur*, à succomber dans leurs sacrifices; victimes du principe injuste qui consacre le privilège ruineux que, dans ce cas, pas plus que dans mille autres, sans doute, on ne saurait appeler *défensif*, ni considérer comme ayant une *utilité* capable de faire oublier encore ce qu'il y a d'évidemment *injuste*.

Mais j'ai dit, marchant sur les traces du Législateur, et cherchant dans les principes de la propriété littéraire, non pas comme lui le principe de la propriété d'une *invention*, mais des principes qui pussent être communs à l'artiste industriel et à l'écrivain; j'ai dit qu'il serait *juste* et pourrait être *utile* que, indépendamment du droit de publicité dont *l'inventeur* peut jouir aussi bien que l'écrivain, il possédat encore, ainsi que l'écrivain possède son livre, un titre, un signe, qui fût toujours pour lui la représentation palpable de son *invention*, le témoignage toujours visible de la supériorité d'intelligence que suppose toute *idée nouvelle* mise plus ou moins habilement en œuvre; qui fût la marque honorable de l'amour de l'art, du patriotisme qui l'ont animé dans ses recherches, soutenu dans ses sacrifices, inspiré dans ses révélations; un titre, un signe patent qui devint un gage de l'estime qu'on lui doit, une garantie des avantages attachés à cette estime; la récompense enfin, due à quiconque se rend recommandable à tous par ses lumières, son dévouement à la chose publique. Et celle-là, cette récompense seule sera vraiment utile, puisque sans mettre obstacle aux plus grands, aux plus rapides développemens des arts et de l'industrie, elle sera un moyen d'émulation suffisant, et plus puissant peut-être encore que le privilège peu honorable sans doute qui consacre un principe *faux* et un droit *injuste* et *offensif*.

Et combien ce que j'avance paraîtra plus vraisemblable encore, si l'on considère que tout *inventeur* ne peut jouir des avantages du brevet s'il n'a préalablement déboursé 350, 850, ou 1050 fr. ; incertain qu'il est encore des succès de son *invention*, toujours exposée aux rivalités jalouses, aux préventions qu'elles élèvent, aux périls qu'elles suscitent ; exposée d'ailleurs encore à succomber sous une invention nouvelle, ou du moins à être entravée par des perfectionnemens, par des procès onéreux à soutenir sur divers points éloignés, soit à cause d'un perfectionnement, soit à cause de contrefaçons qui auraient déjà compromis des avances de fonds plus ou moins considérables, la fortune même et le crédit de *l'inventeur*.

Nous avons vu successivement, que le principe qui a consacré la propriété d'une *idée nouvelle*, d'une *invention*, était *faux*, et *injuste* dans son application. Nous venons de voir encore que, considéré comme privilège, il est *plus funeste qu'utile*. Il ne nous reste donc plus maintenant qu'à proposer une récompense *juste* et un moyen d'émulation qui puisse être *utile* sans devenir *funeste*.

PROJET

De la création d'un Ordre,

Pour servir de récompense et d'encouragement aux inventions nouvelles.

L'ordre que je propose pourrait être appelé *l'Ordre du mérite industriel ou de Saint-Charles,* et serait divisé en trois classes.

Ses insignes seraient trois petites médailles, de cuivre, d'argent et d'or. Celle-ci seulement pourrait être attachée d'un ruban qui serait noir, ou gris moiré avec un liseret vert ; les deux autres ne pourraient qu'être agraffées.

Toutes porteraient pour dévise : d'un côté : *Ordre du mérite industriel ou de Saint-Charles,* de l'autre : *Honneur et Patrie.*

Il serait fondé sous la protection du Roi et sous l'influence immédiate de S. Exc. le Ministre du commerce, une académie des arts industriels, qui correspondrait avec les diverses académies d'agriculture et des arts du Royaume. (1)

---

(1) Le Conseil général des Manufactures et le Comité consultatif des Arts et metiers ; la Société d'encouragement pour l'industrie nationale et le Conservatoire Royal des Arts et Métiers, où se trouvent déjà tant de lumières, de zèle, de patriotisme, fourniraient à cette Académie, des membres distingués.

Tout individu ayant fait à l'académie des arts industriels, soit directement, soit indirectement, par l'entremise des Préfets dans les départemens, la déclaration d'une *invention*, d'un *perfectionnement* (1) ou d'une *importation* utile aux progrès de notre industrie, (2) dont il serait l'auteur, et aurait fourni tous les documens, descriptions, plans, dessins, spécifications capables d'en rendre *l'idée* et les *moyens* incessamment publics et praticables, sera de droit Membre de l'Ordre du Mérite.

Il sera de la 1.re, 2.e, 3e classe, suivant le plus ou moins de mérite de son *invention*, *perfectionnement* ou *importation*.

Néanmoins, le titre et les insignes ne lui en seront délivrés que six mois après sa dé-

---

(1) J'entends par perfectionnement, une invention ajoutée à une invention déjà connue, et qui, sans lui donner une destination nouvelle, lui ait acquis des avantages qu'elle n'avait pas.

(2) L'*importation*, pas plus que l'*invention* et le *perfectionnement*, n'étant ici l'objet d'aucun privilège exclusif, il était inutile d'entrer dans les considérations qui ont fourni la matière de la discussion lumineuse et tout-à-fait remarquable à laquelle s'est livré M. C. Renouard dans son *traité des brevets d'invention* et dont voici le résumé : « Les brevets d'importation ne sont ni utiles à l'intérêt public, ni dus aux intérêts privés, et il serait à désirer qu'à l'exemple des Etats-Unis, notre loi se refusât à les admettre. «

Cette opinion que je partage relativement au privilège, se concilie néanmoins avec la récompense que je propose, puisqu'elle peut-être réduite à un simple témoignage d'estime, comme aussi, d'après l'importance, l'utilité d'une importation, devenir l'objet des titres et des recommandations les plus honorables.

claration ; ce délai étant nécessaire pour mettre l'académie à même de s'assurer de la réalité de l'*invention*, du *perfectionnement*, de *l'importation* dont la déclaration lui aurait été faite, et de son plus ou moins de mérite.

L'auteur, pendant ce délai, serait admis à fournir tous les renseignemens, certificats, déclarations, etc., capables de fixer l'opinion de l'académie sur l'objet de sa déclaration.

Chacun sera également admis à réclamer contre la déclaration d'une *invention*, d'un *perfectionnement*, d'une *importation* qui n'aurait rien de réel ou dont le mérite n'appartiendrait pas à l'auteur de la déclaration.

L'Académie des arts industriels publierait, toutes les semaines, un journal rédigé dans son sein, et où seraient consignés sans délai les *inventions*, les *importations* les *perfectionnemens* nouveaux.

Dans le cours du 2.me mois qui suivra cette annonce, elle publierait en cahiers ou volumes qui paraîtraient tous les mois ou tous les 15 jours, suivant l'abondance des matières, les *inventions*, *perfectionnemens* ou *importations* dont on aurait reconnu la réalité, le mérite, l'utilité avec tous les développemens, détails, plans, coupes, dessins, explications, etc., capables de diriger les artistes industriels, les fabricans, dans la conception de l'*idée* et la pratique des *moyens*. (1)

(1) Déjà l'administration a publié 14 volumes in-4.°, sur les

Deux exemplaires de ce recueil seraient envoyés aux Préfets et Sous-préfets dans les départemens, et les artistes industriels se-raient toujours admis à les consulter dans le bureau spécial où le recueil serait déposé.

Pour Paris le dépôt pourrait être établi au secrétariat de l'académie des arts industriels.

Le journal des arts industriels publierait le sommaire des *inventions*, *perfectionnemens*, *importations* dont chaque nouveau cahier ou volume donnerait les détails, afin que les artistes, les industriels, avertis de ce qui peut les y intéresser, pussent incessamment aller le consulter, de telle sorte qu'au même instant une *invention*, un *perfectionnement*, une *importation* profiterait sur tous les points du Royaume, aux arts, à l'industrie, au commerce, à la Société. (1)

---

brevets qui ont cessé d'être l'objet d'un privilège. « Les planches qui en sont faites avec un talent remarquable, par M. Leblanc, dessinateur du Conservatoire des arts et métiers, contribuent encore à en élever le prix, ce qui est cause que peu de personnes sont en état d'y atteindre, parmi celles à qui il serait le plus utile (a). »

(1) On objectera peut-être ici que la dépense d'un journal est au-dessus des facultés du plus grand nombre d'artisans et d'ar-tistes même. Pourtant il est facile de prévoir qu'il n'y a pas de ville si petite où il ne s'en trouve un assez grand nombre pour qu'en se cotisant ils ne puissent se procurer la lecture d'un re-cueil, dont le prix ne saurait être que très-modéré, en raison

---

(a) Traité des brevets d'invention, par le chef du bureau des manufactures, au ministère du commerce.

L'auteur d'une *invention* , d'un *perfectionnenient* , d'une *importation* aurait toujours le droit d'en réclamer l'annonce dans le journal de l'académie, qui ne pourrait la refuser ; mais elle aurait la faculté de l'accompagner des observations qu'elle croirait utiles.

L'académie aurait aussi le droit de ne publier dans les cahiers ou volumes destinés à être déposés au secrétariat des préfectures et sous-préfectures, que les *inventions* , les *perfectionnemens* , les *importations* auxquelles elle aurait reconnu quelque mérite, quelque utilité, quelque avantage sous le rapport des arts et du commerce.

Les auteurs d'*inventions* , *de perfectionnemens,* d'*importations* non admis dans la collections de l'académie, pourraient les publier dans la même forme, les déposer au secrétariat des préfectures et sous-préfectures, et en appeler toujours, et par tous les moyens honnêtes, au jugement du public, de l'injustice qu'ils croiraient leur avoir été faite.

L'opinion de l'académie sur l'inutilité d'une invention, tant sous le rapport des arts que du commerce, n'exclurait pas son auteur de l'*Ordre du mérite ;* son *invention* devant toujours faire supposer en lui l'amour de son art, de sa profession, et des recherches qui rendent recommandables : mais il ne pourrait prétendre qu'au titre de 3.me classe.

---

surtout du grand nombre de souscripteurs qui lui serait assuré, et d'ailleurs il n'y a pas de petit café qui ne s'empressat d'avoir un pareil journal.

L'académie des arts industriels proposerait des prix pour la solution de questions et de difficultés relatives au arts industriels et au commerce.

Ceux qui obtiendraient le prix seraient de droit encore membres de l'Ordre du Mérite de 1.re classe.

Les membres de l'académie des arts industriels ayant à se livrer à des travaux consécutifs, recevraient un traitement de l'Etat. Il serait pourvu par élection au remplacement de tout membre décédé.

Tout artiste, fabricant, tenant boutique ou magasin, pourrait prendre une enseigne aux armes de France ; les grands manufacturiers pourraient en décorer les portes principales de leurs établissemens, avec cette distinction que les fleurs-de-lys seraient bronzées ou couleur bronze, argentées ou couleur d'argent, dorées ou couleur d'or, suivant que les enseignes ou décorations appartiendraient à des membres de l'*Ordre du Mérite* de 1.re, de 2.e ou de 3.e classe.

Les artistes et fabricans, membres de l'*Orde du Mérite*, pourraient ajouter les armes de France à la marque ordinaire des objets de leur fabrication.

Les fils des artistes industriels, facricans, membres de l'*Ordre du Mérite*, ou leurs neveux s'ils navaient point de fils, pourraient être reçus *gratis* ou obtenir une demi-bourse dans les écoles d'arts industriels qui seraient établies dans les principales villes du Royaume, et où il serait pourvu à tous les besoins des élèves, envoyés par l'État ou par les parens qui voudraient les y faire élever à leurs frais. (1)

Les Membres de l'*Ordre du Mérite* pourront obtenir une gratification, une indemnité relative aux sacrifices que leurs *inventions, perfectionnemens, importations,* auraient pu exiger.

Les Membres de l'*Ordre du Mérite*, pauvres, pourraient recevoir une pension de secours.

L'auteur d'une *invention utile* qui eut pû être tenue secrète, sera de droit Membre de l'*Ordre du Mérite de* 1.re *classe* ; jouira de droit de tous les avantages attachés à cet Ordre, et suivant l'importance de l'*invention* qu'il aura révélée, il pourra obtenir telle autre récompense dont il serait jugé digne.

Tout individu qui ne pourrait se livrer aux recherches d'une *invention*, ou à une *importation* d'un grand intérêt, dont il aurait conçu

---

(1) Les Magistrats municipaux de la ville de Berlin, ayant senti le besoin d'un établissement d'instruction pour les classes industrielles, viennent d'organiser un Gymnase ou Lycée, où le latin ne sera enseigné qu'accessoirement ; tandis que l'histoire naturelle, la chimie, la physique, la technologie, les mathématiques, l'histoire et la géographie seront les objets ordinaires de l'instruction. »

L'Universel du 22 mai 1829.

l'dée ou le projet, sans faire des avances peu
en rapport avec ses moyens et d'ailleurs peu
proportionnées aux avantages qui lui sont
promis, ferait connaître son idée ou son projet
à l'académie des arts industriels, qui, autorisée
par le gouvernement, nommerait des commis-
saires dont la mission serait de suivre les opé-
rations de l'artiste et de surveiller, vérifier,
constater les dépenses relatives à ses recherches,
et qui seraient toujours à la charge de l'État.
Ou bien, l'État lui garantirait pour lui être
payée, au cas de réussite seulement, une
somme déterminée et agréée à l'avance.

L'auteur d'une *invention*, d'une *découverte*
dont l'utilité, dont l'importance aurait été
jugée toute nationale, toute glorieuse, pourrait être nommé Membre de l'*Ordre du Mérite*
et de la *Légion d'honneur* ; et recevoir, d'ailleurs,
telle autre récompense dont le Roi pourrait
le juger digne.

Les artistes industriels inventeurs déjà brevetés, continueraient à jouir de leurs privilèges. Ceux-là seulement qui auraient joui
moins de 2 ans d'un brevet de 5 ans, moins
de 5 ans d'un brevet de 10 ans, moins de
7 ans d'un brevet de 15 ans, et qui y renon-
ceraient, seraient admis aux avantages de l'*Ordre
du Mérite ou de Saint-Charles*.

Par ces dispositions, l'État fesant pour
l'*Inventeur* tout ce que les principes du *vrai*,
du *juste*, de l'*utile*, lui permettent de faire,
tout Français convaincu d'avoir porté une

invention, un *perfectionnement* en pays étranger, perdrait en France sa qualité et ses droits de citoyen.

J'ai dû me borner à indiquer ici les principales dispositions du projet ; mais je ne dois pas finir sans répondre à quelques objections qu'on pourrait élever contre mon système, bien qu'il repose incontestablement sur le *vrai*, le *juste*, l'*utile*, et ne contienne rien qui, comme le privilège que je détruis, puisse jamais et dans aucun cas devenir *funeste*.

OBJECTIONS.

La perfection, l'infaillibilité, n'appartiennent pas à l'homme, et certes je suis bien éloigné de vouloir y prétendre ici : mais je serai plus heureux qu'un autre, si j'avais trouvé quelque chose de moins imparfait.

Tout n'est même pas nouveau dans le projet que je viens d'indiquer. Avant moi l'on avait eu l'idée de récompenses publiques *dignes de la Société qui les donne et de l'artiste qui les reçoit :* mais on ne s'y est jamais arrêté ; on a toujours reculé devant cette idée, parce que considérant l'*invention* comme une propriété, dont la valeur varie à l'infini, on ne pouvait voir dans des récompenses publiques, susceptibles de peu de modifications, un moyen de paiement, une monnaie toujours propre à représenter toutes les valeurs. On a même reconnu l'impossibilité de donner aux inventions nouvelles, des évaluations quelconques et moins encore d'équitablement relatives dans l'hypothèse où l'état eut pu les acheter ; idée qui effraya et que l'on repoussa d'abord, à cause surtout de la dépense énorme qu'eut exigé le paiement de tant d'inventions qui, le plus souvent même, eussent été de la part de leurs auteurs, l'objet de prétentions ruineuses pour le trésor, où le sujet de différens à jamais interminables ; aussi laissant le paiement aux consommateurs, on dit : *l'usage est le véri able indicateur de l'utilité, et l'utilité le véritable indicateur du prix* (1); et là-dessus on consacra le privilège du brevet, comme étant le seul moyen qui put procurer à l'inventeur, le prix relatif au mérite de son *invention*. Mais on est forcé de reconnaître que des *inventions* sans mérite, qui n'ont exigé que peu de recherches, de travaux, peu ou point de savoir, ou de génie, ont rapporté et rapportent journellement encore au charlatanisme, à l'intrigue, à la médiocrité, à la nullité même, des profits plus considérables que des *inventions* précieuses, fruits de longs travaux, de grands sacrifices, d'un grand savoir, du génie, n'en ont rapporté au vrai mérite ordinairement modeste, timide et généralement moins heureux, et d'ailleurs, la plus belle *invention* dont l'usage est peu fréquent, rapportera toujours beaucoup moins que l'*invention* sans mérite, d'une chose que la mode, le caprice, une circonstance, peuvent rendre d'un usage commun et presque universel. Tant il est vrai qu'en partant d'un principe *faux*, on s'enfonce de plus en plus dans l'erreur et dans le cahos.

Aussi me pardonnera-t-on, je l'espère, de revenir un moment encore au principe, car c'est le principe qui donne la conséquence; c'est le principe *vrai*, bien étudié, bien compris, bien posé, qui produit le bon système. C'est en recourant toujours à lui, en l'évoquant sans cesse, en le considérant dans tous les cas comme inviolable et sacré, en lui restant fi-

---

(1) M. de Boufflers, rapport à l'Assemblée nationale.

dèle, en en faisant comme un flambeau de la foi, dans les doutes qu'éveillent des considérations, des hypothèses spécieuses, qu'on dissipe les fausses lueurs, qu'on détruit les prestiges, la puissance du mensonge, du génie du mal; et qu'on s'avance d'un pas toujours assuré vers le triomphe de la raison, vers la perfection, ou vers ce mieux, du moins dont l'attrait nous séduit, nous presse, nous tourmente.

Revenant donc au principe, je dirai avec M. A. C. Renouard : « La pensée, lorsqu'elle » est produite au-dehors; l'invention, lorsqu'elle » est manifestée et mise en œuvre, ne peuvent » plus rester dans le domaine de celui qui, » tant qu'il les retenait au-dedans de lui, » en était le propriétaire unique et le maître » absolu : jetées dans la circulation, elles » deviennent la propriété intime de quiconque » les a comprises et saisies, et nulle puissance » ne serait plus capable, dès l'instant où elles » ont circulé, de les attribuer limitativement » à telles ou tels individus.

» Le droit que toute intelligence peut prendre » sur la matière, de se l'attribuer en propre » et de la marquer du sceau de sa personnallité » pour l'assumer à son usage, ne peut pas » s'attacher sur la pensée, essentiellement in- » dépendante et communicable, qui devient » la propriété intime de quiconque l'appré- » hende qui entre en lui, s'identifie avec lui » par une assimilation si complète que rien ne » pourra plus l'en séparer. Lorsqu'une idée » existe dans l'intelligence d'un être quel qu'il » soit, elle devient lui-même, elle se convertit » en sa propre personne, de quelque source

» qu'elle provienne. En passant dans celui
» qui la reçoit, elle ne cesse pas d'appartenir.
» à celui qui la donne : c'est le feu qui se
» communique et s'étend sans diminuer ni
» s'affaiblir à son foyer. Comprises par autrui,
» ma pensée, mon invention, deviennent une
» partie aussi intime de son intelligence que
» de la mienne..... Nul ne saurait, sans folie,
» prétendre qu'une pensée publiée restera la
» propriété de celui-là seul qui l'aura émise...
» Vouloir qu'une invention reste la propriété
» exclusive de son auteur, c'est vouloir l'im-
» possible, c'est méconnaître la nature de la
» pensée. »

Et pourtant, perdant de vue des principes si
vrais, rendus si sensibles, si éloquemment
exprimés, M. Renouard, en faussant les inductions pour arriver à son système, au système du privilège exclusif temporaire, ou
plutôt pour se plier à une nécessité de l'époque,
dit plus loin :

« Le public, en abandonnant, par une
» concession envers l'inventeur, son droit,
« soit comme producteur, soit comme con-
» sommateur, à imiter l'invention et à en jouir
» au plus bas prix possible dès qu'elle sera
» connue, payera, par cet abandon partiel
» et temporaire, l'acquisition qui sera faite à
» son profit d'une part de co-propriété dans
» l'invention. »

Mais pourquoi *payer la pensée que nul ne saurait
sans folie, considérer comme la propriété de celui-
là seul qui l'a émise; pourquoi payer ce qui est
devenu la propriété intime de quiconque l'a compris*

et saisi ? Pourquoi la Société *payerait - elle ce
qui lui était dû*, car M. Renouard a dit encore :
« Chaque homme n'est pas seulement l'ouvrage
» de ses facultés individuelles, il est aussi
» l'œuvre de son siècle, des siècles antérieurs,
» de l'éducation qu'il a reçue, de ce qu'il a
» vu et senti dans le monde. Votre idée
» n'aurait pas été conçue, votre invention ne
» serait pas née dans votre esprit, si vous-
» même n'aviez pas reçu les idées et les inven-
» tions de vos semblables, et si vous n'en
» aviez pas joui et profité. Lors donc que
» vous livrerez vos idées à votre tour, vous
» rendrez au genre humain ce qu'il vous aura
» donné ; vous acquitterez envers vos contem-
» porains, envers vos fils et vos descendans,
» la dette de reconnaissance dont vous êtes
» chargé envers vos contemporains, vos pères
» et vos ancêtres. Le monde vit par les idées ;
» leur publicité est une dette du commerce
» universel de sociabilité, qui lie ensemble
» tous les membres du genre humain : payez
» ce que vous devez en laissant les autres
» profiter de vous comme vous-même avez
» profité d'eux. L'homme ne crée rien, il ne
» crée pas plus les idées que les choses :
» il élabore, il combine les élémens qui lui
» sont offerts, les matériaux qui sont pla-
» cés sous sa main. Puisque ses semblables
» lui ont fourni les matériaux qu'il emploie,
» s'il les leur rend mieux disposés, enrichis
» par ses travaux, améliorés par ses combi-
» naisons, qu'il ne regrette pas de s'acquitter
» ainsi en payant un prix de louage.

» Cette obligation des hommes envers le
» genre humain, ce devoir pour chacun d'eux

» de favoriser les progrès ultérieurs de la
» civilisation, dont les améliorations anté-
» rieures lui ont profité, commandent de ne
» pas essayer de soustraire à la jouissance du
» public, les inventions et les pensées qui
» peuvent servir au bien-être général.

Et comment d'ailleurs, *payer* une invention,
une idée, une pensée qu'on a reconnus, (et
M. Renouard lui-même) ne pouvoir être évaluée,
taxée, *expertisée ;* qu'on ne peut mesurer, peser,
toucher ; qu'on ne peut saisir que par l'intelligence, et dont on ne peut souvent même
déterminer l'existence? « Pourtant, dit encore
M. Renouard, il faut que le public paye
puisqu'il profite. »

Mais ne *paye-t-il pas* l'objet qu'on lui
vend? doit-il quelque chose pour l'idée qui
appartient à la Société entière, qui est à
toutes les intelligences qui *peuvent la saisir,
la comprendre, et dont nul, sans folie, ne pourrait
pour lui seul réclamer la propriété?* qui est d'ailleurs
encore, *le prix d'un louage, dont l'inventeur ne
doit pas regretter de s'acquitter ?*

Mais supposons un moment que la Société
dut autre chose à l'inventeur, qu'un témoignage d'estime, une marque de bienveillance ;
elle doit alors *payer* de son fonds et proportionnellement à ce qu'elle a reçu ; et pourtant
il arrivera souvent, et trop souvent ce qui
est déjà arrivé tant de fois, que telle ou telle
invention mettra hors du commerce les produits d'artistes, de fabricans estimables, déjà
constitués en de grandes avances, et qui,
empêchés par le privilège de l'inventeur, d'entrer en concurrence avec lui, *payeront eux*

seuls de leur désespoir et de leur misère, la dette, la prétendue dette de la Société. Il arrivera encore, ainsi que je l'ai dit plus haut, que des *inventions*, des découvertes sublimes qui auront exigé un grand savoir, de grands travaux, un grand génie, de grands sacrifices même, ne rapporteront que peu ou point de profit à leurs auteurs; tandis que des *inventions* de peu de mérite, sans mérite même, immorales peut-être, rapporteront à l'intrigant, à l'audacieux, des sommes considérables, des profits tout scandaleux; de sorte que l'*idée nouvelle*, l'*invention* ne serait encore jamais payée, ni par qui la devrait ni ce qu'elle vaudrait.

Pourquoi donc rester plus long-temps sous l'empire de faux principes, de fausses inductions, dont on ne pourra jamais tirer rien de bon, de quelque manière qu'on les tourmente, qu'on les façonne, qu'on les torture, pour les appliquer à des systèmes non fondés sur la vérité? Pourquoi ne pas se hâter de quitter une voie ténébreuse, où tout ne peut être qu'erreurs, contradictions et périls? Pourquoi donc encore ridiculement s'escrimer à faire descendre, à toute force, l'intelligence dans le domaine de l'administration, pour lui faire perdre là ce qu'elle a de noble, de grand, de divin; pour la *matérialiser*, l'emprisonner, la dégrader, l'avilir? Pourquoi ne pas reconnaître qu'on ne peut rien fonder de bon, de solide, d'utile, de grand, hors du *juste* et du *vrai?* Pourquoi ne pas convenir enfin, pourquoi ne pas hautement proclamer, sans restriction et sans faux détours, que toute *idée nouvelle*, toute *invention*, toute découverte, appartient à la Société entière et n'est tout au plus que la *propriété morale* de son auteur? propriété qui ne donne que des *droits moraux*, que des droits à l'estime, à la bienveillance, à la considération publique; droits toujours naturellement relatifs, assurés, garantis par la publicité, et qui deviendraient, d'ailleurs, d'autant plus dignes d'exciter les esprits inventifs, que l'Etat y ajouterait des distinctions honorables et des bienfaits tout paternels.

Si, comme je l'ai déjà dit, on recula, dans le tems, devant cette idée, c'est aussi, car j'ai déjà fait connaître plusieurs autres motifs de cet éloignement, que l'on ne remarqua point que l'*invention* porte déjà avec elle, dans le nom qu'elle fait à son auteur, la recommandation qu'elle lui donne, la vogue qui peut en résulter pour lui, des avantages qui doivent être comptés; et que, connaissant mal l'industrie et lui faisant outrage, on crut peut-être que des distinctions honorables, des témoignages publics de l'estime qu'on lui doit, seraient sans prix pour eux.

Et d'ailleurs, le Gouvernement, préoccupé de tant de soins, au milieu de tant d'embarras, pouvait-il comme il le peut aujourd'hui, entourer l'industrie de toutes les sollicitudes que mon projet réclame pour elle? l'industrie n'était pas d'ailleurs encore reconnue comme le grand, le premier mobile de la prospérité, de la force, de la puissance des nations; enfin on n'aurait pas comme aujourd'hui, les moyens, la facilité d'exécuter ce que j'ai proposé, ou quelque chose d'analogue.

Mais ce qui parut insuffisant, injuste devant un principe faux, des conséquences obscures, insaisisables, contradictoires, effrayantes; des mécomptes, et des suppositions peu honorables pour l'industriel; ce qui parut enfin impraticable dans d'autres tems, doit sembler suffisant, juste, utile, glorieux, et d'une exécution facile aujourdhui, devant des principes vrais, avec des idées plus saines sur l'esprit et les sentimens de l'industriel, dans des circonstances, d'ailleurs, où tous les vœux, tous les travaux, toutes les sollicitudes, tous les efforts se tournent vers les conquêtes, les triomphes de l'industrie.

Et, disons-le, ne fit-on rien, même encore pour l'industrie que de lui laisser une liberté entière; toutes les professions, toutes les associations, tous les états n'ont-ils pas leurs susceptibilités et leur point d'honneur, cette émulation qui porte tous ses membres à se surpasser l'un l'autre, ce germe fécond de leur existence et de tous leurs triomphes; et n'est-ce pas ainsi que les sociétés, libres d'entraves, marchent naturellement et rapidement vers un mieux? Oui sans doute, aussi l'homme qui prend si souvent l'effet pour la cause, l'exception pour la règle, l'accident pour le fait; qui, dans les obstacles, dans la marche de la civilisation, se fatigue, s'agite, bourdonne autour de cette vaste machine, de ce coche si souvent embourbé, mais toujours chargé de présens, et auquel le tems infatigable attèle le présent à tout le passé; l'homme dis-je, qui, lorsqu'il se place en dehors du mouvement général et prétend le maîtriser, ressemble si bien à la mouche de la fable, ne peut, sans doute exercer qu'une influence éphémère sur ce germe fécond, mais quelquefois étouffé, dont le principe est dans la création, et la fin, dans cet abîme où l'homme se confond et se perd. (1)

____

(1) Passant à un autre ordre d'idées, mais pourtant d'une analogie sensible, je dois citer ici des fragmens d'un article du *Traité d'économie politique*, de J.-B. Say, intitulé : *Effets des réglemens qui déterminent le mode de production.*

« De tous les arts mécaniques, le plus difficile est celui du jardinier et du laboureur..... S'il y avait un moyen de former une corporation de cultivateurs, on nous aurait bientôt persuadés qu'il est impossible d'avoir des laitues bien pommées et des pêches savoureuses, sans de nombreux réglemens composés de plusieurs centaines d'articles. » (*Les brevets d'inventions, les instructions, les questions de jurisprudence qui s'y rattachent, ont déjà fourni 2 gros vol. in-8, sans compter les brochures et circulaires.*)

« L'impossibilité de diriger les procédés variés de l'agriculture, dit encore J.-B. Say, la multiplicité des gens qu'elle occupe souvant isolément sur toute l'étendue d'un territoire et dans une multitude d'entreprises séparées, depuis les grandes fermes, jusqu'aux jardins des plus petits villageois; le peu de valeur de ses produits relativement à leur volume, toutes ces circonstances qui tiennent à la nature de la chose, *ont heureusement* rendu impossibles les réglemens qui *auraient gêné les industrieux. Les gouvernemens animés de l'amour du bien public, ont dû en conséquence se borner à distribuer des prix et des encouragemens, et à répandre les instructions* qui, souvent *ont contribué très-efficacement aux progrès de cet art.* »

Appliquant cette opinion de J.-B. Say, à l'industrie, je dirai : Le privilège du brevet *gêne les industriels ;* les récompenses que j'ai proposées n'ont point cet inconvénient funeste, et puisque l'industrie doit être excitée aux inventions nouvelles, *un gou-*

Mais, comme il est de l'essence des esprits les plus avancés, les plus éclairés, en réagissant, en se reflattant, d'exercer, sur ceux qui marchent à leur suite et au-dessous d'eux, tout l'ascendent de leur supériorité, fruit du tems et primeur de l'époque; que d'ailleurs, comme je l'ai déjà reconnu, les facultés morales ressortent de la puissance morale que l'esprit supérieur, que la Société, que les Gouvernemens sont en droit d'exercer, je dirai, rentrant dans la question qui nous occupe, qu'il connaissait bien toutes les susceptibilités, toute la magie du point d'honneur, le grand homme (1) qui, pour corriger ses soldats d'élite de quelques excès auxquels ils s'étaient livrés, menaça ceux qui s'en rendraient coupables à l'avenir, de ne point être désignés pour monter à l'assaut; et tout le monde sait que pas un grenadier ne démérita l'honneur d'être envoyé affronter la mort.

Et peut-on dire que le point d'honneur, ce levier, ce véhicule puissant dans l'armée, la magistrature, dans les corps les moins rétribués et plus encore peut-être dans ceux qui ne le sont pas; qui a tant produit partout où il a été sagement exploité, dont on peut, dont on doit encore tant attendre,

---

vernement animé de l'amour du bien public, doit adopter mon projet (ou quelque chose d'analogue), puisque des *prix*, des *encouragemens*, des *instructions* y sont offerts à l'industrie, et qu'ils ne pourraient que *contribuer très-efficacement aux progrès des arts qui en dépendent.*

(1) Richelieu devant Mahon.

n'existe pas chez l'artiste industriel, chez le fabricant, le manufacturier?

« Mais s'il n'existait pas, il faudrait l'*inventer*. »

Cependant il existe, il est là, il se montre de toutes parts dans l'industrie, quoiqu'on n'ait jamais rien fait pour l'y vivifier, quoiqu'on semble s'être évertué à l'y étouffer; et entre autres mille preuves de son existence, je signale les prodiges qui ont résulté des expositions publiques des chefs-d'œuvres de notre industrie, de l'espoir d'obtenir une distinction, une mention, un regard, un éloge; et certainement la plupart des objets qui ont obtenu à peine cette dernière récompense, ont exigé de la part de leurs auteurs, autant et plus de travaux, d'intelligence, de méditations, de sacrifices, que le plus grand nombre des *inventions* brevetées, exploitées le plus souvent sur la crédulité, l'ignorance, au profit de la cupidité sordide, et toujours au plus grand préjudice de la Société.

On objectera peut-être que le profit qui résulte de la renommée que donne un objet d'industrie remarqué à l'exposition, est le seul mobile de l'empressement que mettent les artistes, les fabricans, tous les industriels, à y obtenir une place. Mais il suffit d'avoir vécu parmi eux, de les avoir vus de près, pour savoir que l'amour propre seul, ce point d'honneur attaché à la pratique de tout art, et de toute industrie, cette soif dévorante d'y être remarqué, cette répugnance extrême à se voir déprimé au profit d'un autre amour propre, sont des motifs capables de produire eux seuls autant de zèle et d'empressement. Si l'attrait d'un profit tout mercantille y ajoute quelque chose, peut-on dire que cet attrait ne se trouverait pas dans le moyen de récompense que je propose? N'y a-t-il pas une renommée, une récommandation, un moyen de vogue dans la publicité, dans les distinctions que mon projet accorde à l'*inventeur*; et n'ajoute-t-il pas d'ailleurs lui-même à ces distinctions des avantages tous positifs?

Mais il suffit, je le dis encore, d'avoir vécu parmi les artistes industriels, les fabricans, d'avoir été à même de les juger, pour apprécier tout le parti qu'on peut tirer de leur amour pour leur art, pour leur industrie; du point d'honneur qu'ils y attachent, de leur patriotisme si généralement éclairé, de l'ardeur qu'ils montrent à être distingués parmi leurs pairs et à obtenir dans la Société, une récommandation, un rang qui les honore de plus en plus, et qu'occupent à un degré si éminent des hommes qui ne doivent rien qu'à eux-mêmes, qui ne tiennent et ne voudraient rien devoir au privilège; heureux qu'ils seraient encore de répandre autour d'eux plus de lumières et de bienfaits.

C'est à ces hommes, c'est à tous les industriels que j'en appèle ici : qu'ils répondent ! je les interpelle !... Pas un, non pas un, n'élèvera la voix contre moi, aucun ne combattra mon projet..... Que dis-je ! ils y applaudiront tous avec reconnaissance, avec enthousiasme, peut-être !.... Heureux d'avoir été devinés, fiers d'avoir été entendus, ils se lèveront tous, et tous avec joie, avec confiance, et mêleront leur voix à la mienne si faible, si éloignée, si impuissante, pour obtenir du pouvoir le témoignage d'estime qu'on leur a si long-temps refusé et dont si long-temps, disons-le avec douleur mais sans amertume, on leur a fait l'affront, l'affront cruel de les juger indignes.

Que fera le pouvoir? négligera-t-il de fructifier le germe fécond que je lui montre? d'exploiter cette mine abondante et pure que je découvre, et d'y puiser enfin des élémens capables d'élever, d'ennoblir de plus en plus les inspirations de l'artiste industriel, si souvent aux prises avec les intérêts corrupteurs? l'argent n'est-il pas pour assez dans la pratique des arts, les spéculations de l'industrie, et dans les mouvemens rapides de la civilisation? Et appartient-il aux hommes qui sont les premiers gardiens, les défenseurs obligés de tous les principes conservateurs des États, à y entretenir, à y vivifier plus long-temps des élémens corrupteurs, et à donner solennellement encore une nouvelle sanction, une sanction auguste à un principe *faux*, à un titre *injuste*, à un privilège *funeste?*

Rassurons-nous. Dans une question qui a paru *hérissée de difficultés sans nombre*, qui a été souvent débattue, qui a fait naître mille difficultés encore qu'on n'avait pu prévoir, un Ministre éclairé et consciencieux, tenant sa pensée, sa conviction secrète, en a appellé, plein de sollicitudes, aux lumières et à la conviction d'hommes éminemment amis des arts et de l'industrie, voués à la prospérité nationale, vivement pénétrés, d'ailleurs, de l'amour du *vrai*, du *juste*, de l'*utile*, du *glorieux*; et ces hommes eux-mêmes, descendant, pleins de déférence pour les intérêts, pour la société qu'ils représentent, des auteurs où tant de savoir, de mérite, de gloire les ont placés, en ont appellé eux-mêmes à toutes les lumières, à toutes les convictions, à tous les intérêts; et certes ce n'est point sous l'influence d'un tel Ministre et de tels hommes, qu'on peut redouter de voir triompher encore, dans la question qui nous occupe, le *faux*, l'*injuste*, le *funeste*.

Ce n'est point certes, disons-le encore, un tel Ministre; ce ne sont pas de tels hommes, qui puiseront un argument, en faveur du privilège qui consacre de tels principes, dans cette considération qu'il rapporte des sommes considérables à l'Etat. Ce n'est point certes non plus à ces hommes recommandables à tant de titres, que l'on pourra jamais appliquer ce passage du préambule de l'édit de 1776, provoqué par Turgot, qui supprime les jurandes : « C'est sans doute l'appât de ces moyens de finance qui a prolongé l'illusion sur le préjudice immense que l'existence des communautés cause à l'industrie, et sur l'atteinte qu'elle porte au droit naturel. » Ils savent trop bien ces citoyens, si sagement éclairés, que ces revenus sont toujours plus funestes que profitales à l'Etat, qui émanent de principes *faux*, *injustes* et *abusifs*. Ils sentiront vivement, je l'espère, que mon système offre dans son ensemble, dans son esprit, l'alliance heureuse de la monarchie et de la liberté, et un tout de paternité, de civisme et de gloire; ils applaudiront, et avec transports peut-être, à un projet dont l'adoption ne pourrait incessamment exercer sur une masse éclairée, active, reconnaissante, qui agit si puissamment, aujourd'hui surtout, sur les destinées des nations, qu'une influence morale digne seule, j'ose le dire, de concilier à mon projet les suffrages et l'appui de tous les amis éclairés de l'ordre, de la prospérité et de la grandeur nationale. Non, ce ne seront point des hommes si éminemment amis de la France et du Trône, si honorablement dévoués, si profondément instruits à chercher dans le *vrai*, dans le *juste*, le grand; des élémens publics de bonheur, de richesses et de gloire, qui reculeront devant la dépense qu'exigerait la pratique d'un système qu'ils jugeraient digne de son objet : ils ont appris long-temps avant moi, combien sont profitables à la Société et à l'Etat lui-même, les sommes employées au triomphe, aux progrès de l'intelligence, des arts, de l'industrie, du commerce; ils savent trop bien encore que c'est là désormais que réside tout le bien-être, la grandeur, la puissance, la force des nations ; et que la force des armes, cette force si coûteuse à l'Etat, et pourtant plus enrichie de gloire par les principes d'honneur qu'on y a introduits, ou plutôt excités, que par les trésors qu'on lui a prodigués, ne peut désormais exercer qu'une puissance éphémère là où l'intelligence active, règne, étend son empire, grandit toujours, pour ranger sous sa loi, sous sa domination bienfaisante jusques dans ses conquêtes, les nations qui n'ont qu'à lui opposer des bras, de la flamme et du fer.

Est-ce dans un moment où les économistes s'accordent à nous trouver inférieurs à l'Angleterre, aux États-unis, aux Pays-bas, à la Suisse, dans le développement de nos forces industrielles; est-ce dans un moment où celles de l'Angleterre sont arrivées à ce point de prospérité qu'elle peut hardiment, ainsi que le dit M. de Vaublanc, (1) concevoir le projet de recevoir du monde entier les matières premières, les lui renvoyer manufacturées et les vendre à un prix inférieur à celles qui sont fabriquées sur les lieux même d'origine; est-ce dis-je, dans ce moment où la puissance de l'industrie est si généralement sentie, que nos hommes d'État reculeraient devant une dépense qui pourrait être jugée utile à son plus grand développement. Craindraient-ils le blâme de la nation? Ce n'est pas d'une telle dépense qu'elle murmurera jamais. Non certes! et je le dis avec une conviction que j'aime. Qu'ils en appèlent d'ailleurs de cette dépense toute nationale, toute utile, toute glorieuse, aux dignes représentans, aux dignes interprêtes des vœux et des besoins publics; qu'ils en appèlent aux Députés, aux Pairs de toutes les opinions et et de toutes les castes; et, je ne crains pas de le dire, elle sera votée avec joie, avec confiance, avec des acclamations, j'en suis sûr, qui retentiront dans le cœur du digne Monarque, qui a si récemment encore donné des témoignages si touchans, si paternels de ses sollicitudes pour les arts industriels, et qui fonde désormais sur leur puissance,

---

(1) *Du commerce maritime considéré sous le rapport de la liberté entière du commerce, et sous le rapport des colonies.*

plus encore peut-être que sur celle de ses armes, si glorieuses d'ailleurs, si dignes de fraterniser avec tous les autres élémens de notre grandeur, le bonheur de son peuple et la gloire de son nom.

Mirepoix, Arriège, le 1.er juin 1829.

L'Industrie.

Ode (*)

(*) On me saura gré, peut-être, d'avoir ajouté ici comme un
délassement tout d'apropos, une Ode que j'ai composée il y a plus
de quatre ans, bien éloigné de pressentir alors que j'en ferais
un jour comme le complément d'un écrit en prose sur l'industrie.

Les idées graves qui dominent dans cette composition, me ga-
rantiront, je l'espère du moins, du reproche d'avoir mêlé des
jeux d'esprit à des questions d'intérêts publics; et si j'éveillais
ici les préventions injustes, souvent même coupables, attachées
aux plus nobles, aux plus hautes inspirations de l'âme, je rap-
pellerai que François I.er, Richelieu, Berwick, Vendôme,
d'Aguesseau, de Thou, Chateaubriand, Canning, et mille autres
que je pourrais citer, ont cultivé la poésie, sans cesser d'être de
grands hommes d'état; ce qui ne veut pas dire, pourtant, que
tous ceux qui font des vers, soient propres à devenir ministres.

« *L'Industrie n'est pas*
seulement d'exécuter avec tous les
moyens connus et donnés à l'art, le génie
est d'accomplir en dépit des difficultés
et de trouver par là peu ou
point d'impossible. »

Quand la Terre, fille des Cieux
Et de fleurs toujours couronnée,
A l'homme, innocent dans ses vœux,
Prodiguait les fruits de l'année ;
Quand la Nature, sans efforts,
Offrait de renaissans trésors,
Dans l'homme dormait le génie,
Comme dans la graine des champs
Qui vole errante au gré des vents,
Dort le germe qui fructifie.

Du besoin naquit le désir ;
Le désir fut le jour de l'âme :
L'homme, aux doux rayons du plaisir,
S'éveille, s'anime, s'enflamme !
Enhardi d'un premier succès,
Bientôt dans de nouveaux essais,
Pour lui brille une autre lumière !
Il compare, il médite, agit :
Tout à ses regards s'agrandit ;
Il dicte des lois à la Terre !

Unie à d'habiles ressorts,
La matière agit et s'anime!
L'homme, faible, élève des corps
Dont la masse effrayait l'abîme!
De tant de puissance orgueilleux,
Défiant le courroux des Dieux,
Il bâtit au sein des nuages;
Et là, vaste dominateur,
Surpris de sa propre grandeur,
Il rêve à de plus grands ouvrages !

Resserré dans cet Univers,
Son esprit a quitté la Terre!
Il conçoit des mondes divers;
Il ose sonder leur mystère!
Il atteint, observe leur cours,
Mesure l'espace, les jours
Et rend d'infaillibles oracles :
Des cieux abaissant la hauteur,
De l'ouvrage du Créateur
Sa main reproduit les miracles !

Sur les flancs des monts sourcilleux
L'aiman se révèle au génie :
L'homme l'associe à ses vœux.
Vainqueur de la mer agrandie,
Consultant ce guide assuré,
Sur un Océan ignoré
Il cherche une nouvelle terre :
Il a deviné ses trésors,
Sa route, ses écueils, ses ports;
Il proclame un autre hémisphère !

Salut! ô rivages heureux,
Montagnes d'or, plaines riantes!....
Salut! fleuves majestueux!....
Salut! peuplades innocentes!
Que vois-je!.... sur vos bords sanglans,
Victimes d'illustres tyrans,
Vous tombez!.... Quel bras vous relève?
Fille des Arts, la Liberté,
Aux feux de sa sainte clarté
A flétri l'empire du glaive!

Mais l'homme a mesuré les mers,
Du globe a fixé l'étendue;
Parmi tant de mondes divers,
Aux cieux, il promène sa vue :
« L'empire des airs est à moi!
« Je veux m'y promener en roi,
» Voisin des voûtes éternelles! »
Il dit; sur un trône de feux
Il s'élance au séjour des Dieux!.....
L'industrie a conquis des aîles!.....

Elle donne un pompeux éclat
A la simple fleur du rivage,
Enrichit d'un fruit délicat
L'arbre de la forêt sauvage.
Au sein des hivers dévorans,
Des parfums, des fleurs du printemps
Elle prolonge la durée;
Et, parmi d'éternels frimats,
Elle fait mûrir l'ananas,
L'olive, la pomme dorée.

Plus sublime, parlant aux yeux,
Elle féconde la pensée ;
La répand en traits glorieux
Sur la Terre enfin exaucée.
Ses purs, ses célestes bienfaits
Nous font pardonner ses excès,
Comme le flambeau de la Terre,
En faisant mûrir nos moissons,
Nous console que ses rayons
Aient flétri la fleur printannière.

Excitant aux nobles travaux,
Toujours grandissant, l'Industrie,
Des prodiges des arts rivaux
Embellit la Terre enrichie!....
Le feu domine au sein des eaux!....
La vapeur pousse sur les flots
La nef trop long-temps vagabonde!
Et l'Industrie, à d'autres corps,
Appliquant ces nouveaux ressorts,
Promet d'autres bienfaits au monde!

Oh! n'accusons pas ses présens!
Le ciel a béni ses largesses.
Où manquent les trésors des champs
Elle enfante d'autres richesses;
Pour consoler la pauvreté,
Elle sait à la volupté
Arracher des biens inutiles :
Digne émule de la vertu,
Au barbare qu'elle a vaincu,
Elle rend les bienfaits faciles.

Palpitez, ô cœurs généreux,
Aux rayons d'un jour plus prospère!
Le Ciel sourit à nos neveux,
Il console, il charme la Terre!....
L'avenir s'offre à mes regards!
Les peuples n'ont plus de remparts:
La paix joue avec leurs bannières!
Dociles à la voix du Ciel,
N'ayant qu'une loi, qu'un autel,
Ils sont tous amis, ils sont frères!

Partout sur les biens superflus
Ont cessé les plaintes stériles:
La misère ne maudit plus
Des travaux devenus faciles.
Contens de leurs dons mutuels,
Partout les paisibles mortels
Confondent leur reconnaissance;
Et cet amour, chéri des Cieux,
Rendant l'homme enfin plus heureux,
L'associe aux Dieux qu'il ensence.

Ah! si le Ciel, trompant nos vœux,
Trompant l'espoir de tant de veilles,
Allait punir l'homme orgueilleux
D'avoir créé tant de merveilles;
Si, dans de superbes ennuis,
L'homme, pour avoir trop appris,
Allait vivre sans espérance,
Et, toujours morne, épouvanté,
Dans sa longue satiété,
Maudire sa triste existence;

O ciel! rends lui tous ses besoins
Et son ignorance première!
Rappèle l'homme à tous les soins,
Aux doux loisirs de la chaumière!
Ah, rends lui tous ses premiers maux,
Ses mensonges et ses travaux;
Rends lui, pour prix de ses conquêtes,
Ses amours, ses jeux innocens,
Ses vœux, ses pensers consolans,
Ses charmes, ses premières fêtes,....

Mais non! Dieu ne saurait punir
L'homme qui poursuit sa victoire!
Il lui fit un cœur pour sentir,
Pour chercher, pour aimer la gloire!
La brute, qu'il n'inspira pas,
Marche toujours du même pas
Et ne sait qui lui donna l'être:
Mais l'homme, en s'élevant toujours,
Au sein de sublimes amours
Suit le rayon qui le fit naître!

Oui, plus digne de ses destins,
Maîtres des secrets de la terre,
Je vois les glorieux humains
Ravis au sein de la lumière!!!
Leur esprit, vainqueur du cahos,
Epuré par de longs travaux,
Remonte à sa source première;
Et le suprême Créateur,
A l'homme, empreint de sa grandeur,
Ouvre l'éternel sanctuaire!!!

FIN.